D0463151

Découvre l'eau

Melvin Berger

Illustrations de Paul Meisel

Texte français de Jocelyne Henri

Les éditions Scholastic

Bibliothèque nationale du Québec

À Max, avec amour – M.B.

Je remercie le Dr Anthony Ting, de l'Université Stanford,
pour son aide dans la préparation de ce livre.

Données de catalogage avant publication (Canada)

Berger, Melvin
    Découvre l'eau

Traduction de : All about water.
ISBN 0-439-98619-2

Eau – Ouvrages pour la jeunesse. 2. Eau – Expériences –
Ouvrages pour la jeunesse.

I. Meisel, Paul. II. Henri, Jocelyne. III. Titre.

GB662.3.B4714 2001   j553.7   C00-932756-8

Édition publiée par Les éditions Scholastic,
175 Hillmount Road, Markham (Ontario) L6C 1Z7.

5 4 3 2 1   Imprimé au Canada   01 02 03 04 05

L'eau est partout autour de toi.

Il y en a :
- dans les océans, les rivières et les lacs;
- dans les maisons et les usines;
- dans le sol et dans l'air que tu respires;
- dans ton corps et dans les aliments que tu manges.

L'eau est l'une des substances les plus communes sur Terre.
Pourtant, c'est aussi une substance très étrange.

L'eau est parfois un liquide.
L'eau que tu bois est de l'eau liquide.

L'eau est parfois un solide.
Le cube de glace dans ton jus est de l'eau solide.

L'eau est parfois un gaz.
Les nuages de vapeur chaude sont
de l'eau sous la forme d'un gaz.
L'air contient de l'eau sous la forme d'un gaz.
Ce gaz a pour nom *vapeur d'eau*.

L'eau se présente
sous trois formes différentes.
C'est un liquide, un solide ou un gaz.

L'eau liquide n'a pas de forme précise.
Elle coule d'un endroit à un autre.

Tu peux changer l'eau liquide en eau solide.
C'est facile.

C'EST À TON TOUR

Change l'eau liquide en eau solide

Prends un contenant de plastique propre.
Remplis-le à moitié avec de l'eau liquide.

Mets le contenant d'eau au congélateur.
Laisse-le là jusqu'au lendemain matin.

Sors le contenant.
Qu'est-ce que tu vois?

L'eau liquide est devenue solide!

L'eau solide s'appelle glace.
Quand elle devient très froide, l'eau liquide se change en glace.

La glace ne coule pas.
Elle est dure.
Elle a une forme définie.

L'eau liquide se change aussi en vapeur d'eau.
La vapeur d'eau disparaît dans l'air.
Tu ne peux pas la voir ni la sentir, mais elle est là.

Aimerais-tu changer de l'eau liquide
en vapeur d'eau?

C'EST À TON TOUR

Change de l'eau liquide en vapeur d'eau

Mets une cuillerée à thé d'eau dans une soucoupe.
Place la soucoupe sur le bord
d'une fenêtre ensoleillée,
ou laisse-la à la température ambiante.
N'y touche pas avant le lendemain.
Regarde la soucoupe.
Qu'est-il arrivé à l'eau?

Elle a disparu!
Où est-elle allée?

L'eau liquide s'est lentement changée en vapeur d'eau.
La vapeur d'eau s'est répandue dans l'air.
Et l'eau liquide a disparu de la soucoupe.

La transformation de l'eau liquide en
vapeur d'eau s'appelle *évaporation*.

T'es-tu déjà fait surprendre par une pluie torrentielle?
Une grande quantité d'eau tombe à flots.
L'eau se répand dans les rues.

Le lendemain, l'eau a disparu complètement.
Une partie s'est écoulée dans les égouts.
Une partie a été absorbée par le sol.
Mais où est allé le reste?

L'eau de pluie liquide s'est changée en vapeur d'eau.
Elle s'est évaporée.
Elle est devenue un gaz invisible.

Parfois, il faut beaucoup de temps
avant que l'eau de pluie disparaisse.
Parfois aussi, l'eau disparaît très rapidement.
Voici comment tu peux faire disparaître de
l'eau très rapidement.

C'EST À TON TOUR

Fais disparaître de l'eau liquide

Verse de l'eau dans une bouilloire.
Mets la bouilloire sur la cuisinière (ou branche-la, si elle est électrique).
Demande à un adulte de régler la température au maximum.

Attends quelques minutes.
Tu vas voir des nuages sortir de la bouilloire.
Les nuages sont de la vapeur d'eau.
Attention!
Les nuages sont très chauds.

Observe la vapeur d'eau se mélanger à l'air.

La vapeur d'eau disparaît.
Bientôt, l'eau liquide de la bouilloire aura disparu.
Avant que ça se produise, demande à un adulte d'éteindre la cuisinière
(ou de débrancher la bouilloire).

Tu sais maintenant comment faire disparaître de l'eau.
Savais-tu que tu peux aussi faire apparaître de l'eau?

C'EST À TON TOUR

Fais apparaître de l'eau

Prends un verre propre et sec.
Remplis-le de cubes de glace.
Mets le verre sur la table.

Attends environ dix minutes.
Puis regarde l'extérieur du verre.
Vois-tu des gouttelettes d'eau?
Comment sont-elles arrivées là?

Le verre glacé a refroidi la vapeur d'eau dans l'air.
La vapeur d'eau refroidie s'est changée en eau liquide.
L'eau liquide a formé des gouttelettes sur le verre.

La transformation de la vapeur d'eau en eau liquide
s'appelle *condensation*.

Tu as fait apparaître de l'eau contenue dans l'air
par la condensation.
À présent, tu peux aussi faire disparaître
des choses en te servant de l'eau.

C'EST À TON TOUR

Fais disparaître du sel

Remplis un verre d'eau aux trois quarts.
Ajoute une cuillerée à thé de sel.
Brasse l'eau.
Le sel a disparu.

Où est allé le sel?
Il a disparu dans l'eau.
Quand une chose disparaît dans l'eau,
on dit qu'elle se *dissout*.

Peux-tu prouver que le sel est dans l'eau?
Plonge le doigt dans l'eau.
Lèche le bout de ton doigt.
Qu'est-ce que ça goûte?
Tu ne peux pas voir le sel.
Mais tu peux certainement le goûter!

17

Le sel s'est dissous dans l'eau.
Voici comment faire réapparaître le sel.

C'EST À TON TOUR

Fais apparaître le sel

Verse une cuillerée d'eau salée dans une soucoupe.
Place la soucoupe à la température ambiante.
N'y touche pas avant le lendemain.
Que s'est-il passé?

L'eau a disparu.
Elle s'est évaporée dans l'air.
Mais elle a laissé des petits grains blancs dans la soucoupe.
Qu'est-ce que c'est?

Goûte un des petits grains.
C'est un grain de sel.

La partie eau de l'eau salée
est devenue de la vapeur d'eau.
La vapeur d'eau s'est répandue dans l'air.
Seul le sel est resté dans la soucoupe.

La plupart du temps, l'eau coule de haut en bas.
Sous forme de pluie, de chutes ou dans une douche,
l'eau coule de haut en bas.

Mais parfois, l'eau coule de bas en haut.
Dans les vagues et les fontaines,
l'eau coule de bas en haut.

Savais-tu que l'eau monte
toujours dans les plantes?

C'EST À TON TOUR

Observe la montée de l'eau

Prends une branche de céleri, un verre d'eau
et du colorant alimentaire rouge.
Ajoute assez de colorant à l'eau pour qu'elle devienne rouge.
Demande à un adulte de couper les deux
bouts de la branche de céleri.
Mets la branche de céleri dans l'eau.

Au bout d'une heure, retire le céleri de l'eau.
Regarde attentivement.
Vois-tu de fines lignes rouges dans le céleri?

L'eau colorée est montée dans le céleri.
Elle est montée par de petits tubes.

Si tu ne vois pas les lignes, tiens le céleri
devant une source de lumière.
La lumière rendra les lignes rouges plus apparentes.

L'eau monte dans toutes les plantes.
Les plantes ont des racines dans le sol.
Les racines absorbent l'eau.
L'eau monte dans la plante.
Elle se rend à la tige, aux feuilles,
aux fleurs et aux fruits.

Les plantes contiennent beaucoup d'eau.
Ton corps aussi.
Si tu pèses 27 kilos, plus de 18 kilos
de ton poids est de l'eau!
Tu peux voir de l'eau
s'échapper de ton corps.

C'EST À TON TOUR

L'eau de ton souffle

Prends un petit miroir.
Tiens-le près de tes lèvres.
Ouvre la bouche le plus possible.
Souffle.

Vois-tu la buée qui se forme sur le miroir?
Passe ton doigt sur la buée.
Elle est mouillée.
C'est de l'eau liquide.

Il y a de la vapeur d'eau dans ton corps.
Quand tu souffles,
la vapeur d'eau
s'étale sur le miroir froid.
La vapeur d'eau se condense et
se change en eau liquide.
L'eau liquide forme la buée sur le miroir.

Les aliments que tu manges contiennent
de l'eau.
Même les aliments solides sont pleins d'eau.
Les tomates contiennent 95 % d'eau.
Les carottes en contiennent 90 %.
Les pommes de terre en contiennent 80 %.
Le pain en contient 30 %.

C'EST À TON TOUR

L'eau dans les aliments

Mets des tranches de tomates, de carottes,
de pommes de terre et de pain sur une plaque.
Regarde la taille des tranches.
Touche les aliments pour sentir leur texture.

Glisse la plaque dans le four.
Demande à un adulte d'allumer le four
à la température la plus basse.

Laisse les aliments dans le four durant environ une heure.
La chaleur va changer l'eau des
aliments en vapeur d'eau.
La vapeur d'eau va s'échapper des aliments.

Demande à un adulte de sortir la plaque
et d'éteindre le four.
Laisse refroidir les tranches d'aliments.

Regarde chacune d'elles.
Vois comme elles ont rapetissé.

Touche chacune d'elles.
Vois comme leur texture a changé.

Certaines matières, comme le bois, sont plus légères que l'eau.
D'autres, comme le fer, sont plus lourdes que l'eau.

Les choses qui sont plus légères que l'eau
restent à la surface de l'eau.
Elles flottent.
Les choses qui sont plus lourdes que l'eau
tombent au fond de l'eau.
Elles coulent.

C'EST À TON TOUR

Ça flotte ou ça coule?

Réunis des petits objets comme :

- une roche
- une feuille
- une pomme de pin
- un gland
- une plume

- une brindille
- une balle de tennis
- une capsule de bouteille
- une pièce de monnaie
- un crayon

Remplis un grand bol d'eau.
Plonges-y les objets un à un.

Lesquels flottent?
Lesquels coulent?

N'oublie pas :
Les objets qui flottent pèsent moins que l'eau qu'ils déplacent.
Les objets qui coulent pèsent plus que l'eau qu'ils déplacent.

L'eau est extraordinaire.
C'est un liquide, un solide et un gaz.

Elle s'évapore et disparaît.

Elle se condense et apparaît.
Elle dissout des choses et les fait disparaître.

Elle compose la plus grande partie de ton corps.
Elle fait flotter le bois et couler le fer.

Chaque goutte d'eau est faite de millions
et de millions de particules.
Ces particules s'appellent des molécules.

Les molécules d'eau sur Terre
sont ici depuis très longtemps.
À une autre époque, les dinosaures ont bu
des millions de molécules d'eau.
Aujourd'hui, nous buvons des millions de molécules d'eau.
Certaines des molécules que nous buvons sont les mêmes
que celles que les dinosaures buvaient!